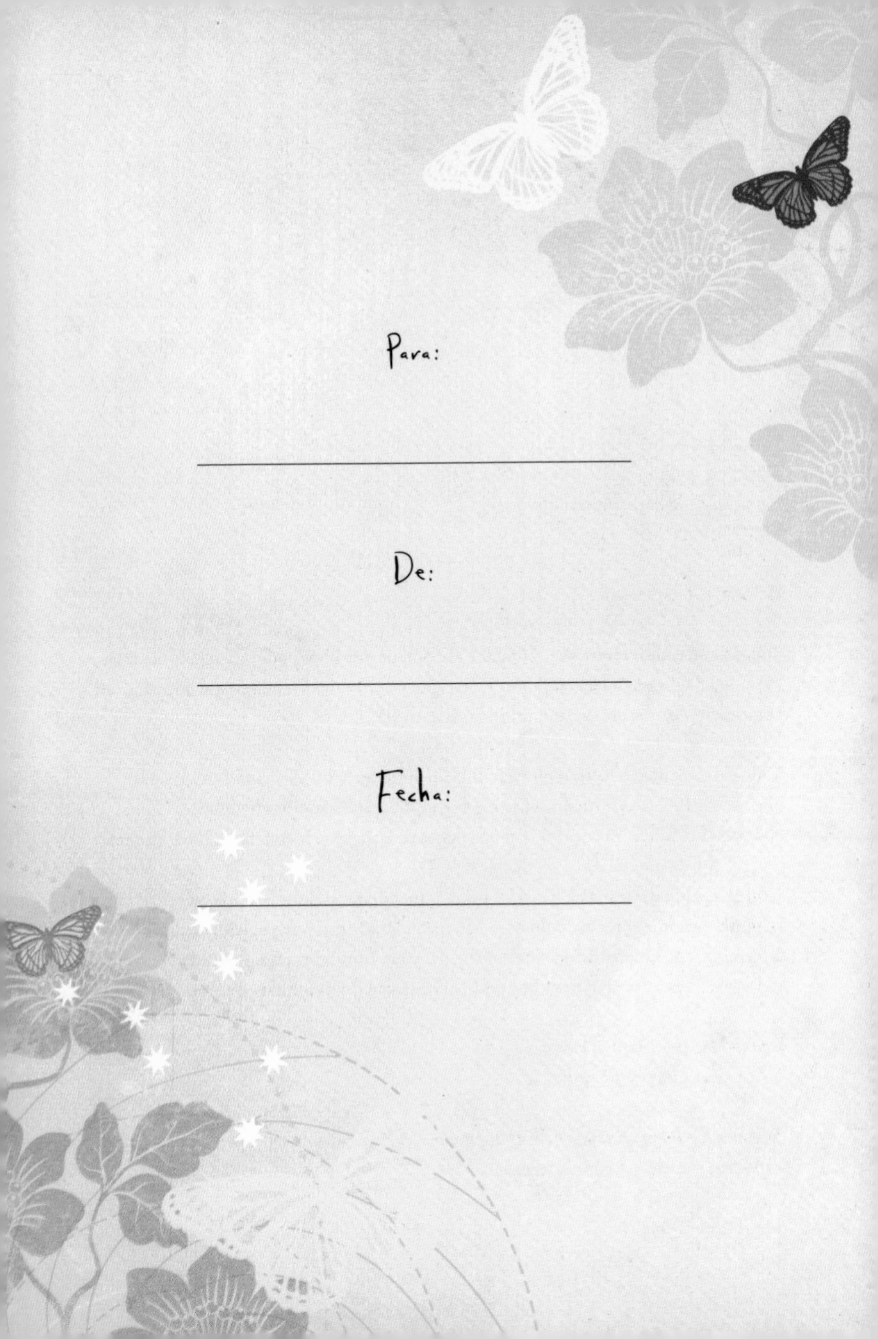
Para:

De:

Fecha:

Summerside Press™
Minneapolis, MN 55438
www.summersidepress.com

Porque yo sé los planes que tengo para ti
Título en inglés: *For I Know the Plans I Have for You*
Un libro de la Serie *Pocket Inspirations*

ISBN 978-1-60936-471-7

Con excepción del texto bíblico y los pronombres divinos, algunas citas con referencias a hombres y pronombres masculinos se han reemplazado con referencias femeninas o neutrales en términos de género. En adición, en algunas citas, hemos actualizado cuidadosamente la redacción y las formas verbales que podrían distraer a los lectores modernos.

Compilado por Marilyn Jansen
Diseño por Lisa y Jeff Franke

Summerside Press™ es una editorial inspiradora que ofrece libros refrescantes e irresistibles para edificar el corazón y atraer la mente.

Impreso en China

Porque yo
sé los planes que
tengo para ti

JEREMÍAS 29:11

Índice

Un futuro prometedor

Tu futuro es tan prometedor como las promesas de Dios.

A. Judson

Cosas que ojo no vio, ni oído oyó, ni han
subido en corazón de hombre, son las que Dios ha
preparado para los que le aman.

1 Corintios 2:9

Lo que sentimos, pensamos y hacemos en este momento
influye nuestro presente y futuro en maneras que tal vez
nunca sepamos. Comienza. Empieza justo donde estás.
Considera tus posibilidades y encuentra inspiración... para
añadir más significado y emoción a tu vida.

Alexandra Stoddard

Encomienda a Jehová tus obras, y
tus pensamientos serán afirmados..

Proverbios 16:3

El futuro está delante de ti como un terreno cubierto de nieve por el que ya se ha conducido; ten cuidado cómo andas por él, porque cada paso se notará.

El camino de los rectos se aparta del mal;
Su vida guarda el que guarda su camino.

Proverbios 16:17

Dios tiene planes en nuestro futuro... y Él nos ha diseñado para el futuro. Él nos ha dado algo que hacer en el futuro que nadie más puede hacer.

Ruth Senter

"Porque yo sé los pensamientos que tengo acerca de vosotros, dice Jehová, pensamientos de paz, y no de mal, para daros el fin que esperáis".

Jeremías 29:11

Belleza

Una mujer bella... sabe en el silencio de su corazón donde habita Dios, que Él piensa que ella es hermosa y que la considera digna, y en Él, ella es suficiente.

John y Stasi Eldredge

Vuestro atavío no sea el externo de peinados ostentosos, de adornos de oro o de vestidos lujosos, sino el interno, el del corazón, en el incorruptible ornato de un espíritu afable y apacible, que es de grande estima delante de Dios.

1 Pedro 3:3-4

Tu apariencia a esta edad es un regalo.
La heredaste de tus antepasados. Pero si todavía eres hermosa cuando tu cabello es gris y tus huesos duelen, esa belleza es tu propia obra.

Mi copa está rebosando. Ciertamente el bien y la misericordia me seguirán todos los días de mi vida.

Salmo 23:5-6

No queremos simplemente ver la belleza, aunque, y Dios lo sabe, siquiera eso es suficiente generosidad. Deseamos algo más que difícilmente podemos explicar con palabras: estar unidos con la belleza que vemos, entrar en ella y recibirla en nosotros mismos.

C. S. Lewis

Una cosa he demandado a Jehová, ésta buscaré; que esté yo en la casa de Jehová todos los días de mi vida, para contemplar la hermosura de Jehová ...
Porque él me esconderá en su tabernáculo en el día del mal; me ocultará en lo reservado de su morada; sobre una roca me pondrá en alto.

Salmo 27:4-5

Sueños y metas

No hay nada como un sueño para crear el futuro.

Víctor Hugo

La esperanza que se demora es tormento del corazón;
Pero árbol de vida es el deseo cumplido.

Proverbios 13:12

Un sueño se convierte en una meta cuando
se toma acción hacia su realización.

Bo Bennett

Hermanos, yo mismo no pretendo haberlo ya alcanzado;
pero una cosa hago: olvidando ciertamente lo que
queda atrás, y extendiéndome a lo que está delante,
prosigo a la meta, al premio del supremo llamamiento
de Dios en Cristo Jesús.

Filipenses 3:13-14

Apunta a la luna. Aun si fallas,
aterrizarás entre las estrellas.

Les Brown

Toda buena dádiva y todo don perfecto
desciende de lo alto, del Padre de las luces,
en el cual no hay mudanza, ni sombra de variación.

Santiago 1:17

Nada es tan real como un sueño. El mundo puede
cambiar a tu alrededor, pero tu sueño no lo hará.
Las responsabilidades no necesitan borrarlo. Las
obligaciones no necesitan opacarlo. Porque el sueño
está dentro de ti, nadie puede quitártelo.

Tom Clancy

Porque ciertamente hay fin,
y tu esperanza no será cortada.

Proverbios 23:18

*Ve confiadamente en la dirección
de tus sueños. Vive la vida que has imaginado.*

Henry David Thoreau

Ten compasión

La sociedad necesita personas que... sepan cómo ser compasivas y honestas. No puedes hacer funcionar la sociedad sólo con datos y computadoras.

Alvin Toffler

Mas el fruto del Espíritu es amor, gozo, paz, paciencia, benignidad, bondad, fe, mansedumbre, templanza; contra tales cosas no hay ley.

Gálatas 5:22-23

Porque Jehová ha consolado a su pueblo,
y de sus pobres tendrá misericordia.

Isaías 49:13

Bendito sea el Dios y Padre de nuestro Señor Jesucristo, Padre de misericordias y Dios de toda consolación, el cual nos consuela en todas nuestras tribulaciones, para que podamos también nosotros consolar a los que están en cualquier tribulación, por medio de la consolación con que nosotros somos consolados por Dios.

2 Corintios 1:3-4

Nunca existió un corazón verdaderamente grande y generoso, que no fuera también tierno y compasivo.

Robert South

Finalmente, sed todos de un mismo sentir, compasivos, amándoos fraternalmente, misericordiosos, amigables; no devolviendo mal por mal, ni maldición por maldición, sino por el contrario, bendiciendo, sabiendo que fuisteis llamados para que heredaseis bendición.

1 Pedro 3:8-9

La persona compasiva siente con el corazón de Dios.

Amigas

El que hace misericordia, con alegría.
El amor sea sin fingimiento..

Romanos 12:8-9

En tanto y en cuanto alguien te empuje
más cerca de Dios, él o ella es tu amigo.

¡Mirad cuán bueno y cuán delicioso
es habitar los hermanos juntos en armonía!

Salmo 133:1

¿Quieres ser sabia? Escoge amigas sabias.

Charles Swindoll

El ungüento y el perfume alegran el corazón,
y el cordial consejo del amigo, al hombre.

Proverbios 27:9

Una amiga es una persona con el furtivo
talento de decir cosas buenas de ti, a tus espaldas.

Marilyn Jansen

Por lo cual, animaos unos a otros, y edificaos
unos a otros, así como lo hacéis.

1 Tesalonicenses 5:11

Cuando escuchas a tus amigas, cuando las animas,
cuando haces las cosas a su manera (por lo menos
a veces), lo que realmente les estás diciendo es:
<<Me alegra que seas mi amiga>>.

Emilie Barnes

Amaos unos a otros entrañablemente, de corazón puro..

1 Pedro 1:22

Existen puntos culminantes en las vidas de todos
nosotros, y la mayoría de ellos ocurre gracias
al aliento de otra persona.

George Adams

El camino por recorrer

Mi Señor Dios, no tengo idea hacia dónde voy. No veo el camino por recorrer delante de mí. No puedo saber con certeza dónde terminará... Pero sí creo que el deseo de agradarte, sí Te agrada. Y espero tener ese deseo en todo lo que estoy haciendo. Y sé que si hago esto, Tú me guiarás por el camino correcto aunque tal vez no sepa nada de él. Por lo tanto, siempre confiaré en ti, aunque parezca estar perdido y en la sombra de muerte. No temeré, porque Tú siempre estás conmigo. Y Tú nunca me dejarás enfrentar mis peligros solo.

Thomas Merton

Mejor caminaría con Dios en la oscuridad,
que ir sola en la luz.

Mary Gardiner Brainard

Mas vosotros sois linaje escogido, real sacerdocio,
nación santa, pueblo adquirido por Dios, para que
anunciéis las virtudes de aquel que os llamó
de las tinieblas a su luz admirable.

1 Pedro 2:9

El cielo con frecuencia parece distante y
desconocido, pero si Aquel que hizo el camino...
es nuestro guía, no debemos temer a perder el camino.

Henry van Dyke

*Con todo, yo siempre estuve contigo;
me tomaste de la mano derecha.*

Salmo 73:23

Promesa de amor

Un arco iris se extiende de un lado al otro del cielo. Cada matiz de color, cada faceta de luz exhibe el espectro radiante del amor de Dios: una promesa de que Él siempre nos amará a cada uno de nosotros en nuestro peor momento y en el mejor.

Fieles, oh Señor, son tus misericordias,
¡Una roca que no puede ser movida!
Mil promesas declaran la constancia de Tu amor.

Charles Wesley

Venga a mí tu misericordia, oh Jehová;
Tu salvación, conforme a tu dicho.

Salmo 119:41

El amor de Dios nunca cesa. Nunca... Dios
no nos ama menos si fallamos ni más si triunfamos.
El amor de Dios nunca cesa.

Max Lucado

*Pero de día mandará Jehová su misericordia,
y de noche su cántico estará conmigo,
y mi oración al Dios de mi vida.*

Salmo 42:8

Dios no ha prometido sol sin lluvia,
alegría sin tristeza, paz sin dolor. Pero Dios ha prometido
fortaleza para el día, descanso para el trabajo, luz para el
camino, gracia para las pruebas, ayuda de arriba,
compasión inagotable, amor eterno.

Annie Johnson Flint

Dios hace una promesa... la fe la cree, la esperanza la
anticipa, la paciencia la espera silenciosamente.

Mantente enfocada

Muchas oportunidades se pierden porque
estamos afuera buscando tréboles de cuatro hojas.

No nos cansemos, pues, de hacer bien; porque
a su tiempo segaremos, si no desmayamos. Así que,
según tengamos oportunidad, hagamos bien a todos.

Gálatas 6:9-10

Las metas proveen la fuente de energía que impulsa
nuestras vidas. Una de las mejores maneras de sacar el
mejor provecho de la energía que tenemos es enfocarla.
Eso es lo que pueden hacer las metas por nosotros:
concentrar nuestra energía.

Denis Waitley

No que lo haya alcanzado ya, ni que ya sea perfecto; sino
que prosigo, por ver si logro asir aquello para lo cual fui
también asido por Cristo Jesús.

Filipenses 3:12

Todos los que han alcanzado grandes logros han tenido un gran blanco, han fijado su mirada en una meta que era muy alta, una que a veces parecía imposible.

Orison Swett Marden

*Tus ojos miren lo recto, y diríjanse
tus párpados hacia lo que tienes delante.
Examina la senda de tus pies,
y todos tus caminos sean rectos.
No te desvíes a la derecha ni a la izquierda;
aparta tu pie del mal.*

Proverbios 4:25–27

Necesitamos un enfoque. Algo importante. Algo mayor que las cremas para la piel y los zapatos tenis que nos recuerde el propósito de todo. Si esperamos recobrar un corazón más sencillo, un paso más centrado para nuestro día, necesitamos ordenar nuestras vidas de unas maneras específicas.

David y Barbara Sorensen

El cuidado de Dios

Jehová es mi pastor; nada me faltará.
En lugares de delicados pastos me hará descansar;
junto a aguas de reposo me pastoreará. Confortará mi alma;
me guiará por sendas de justicia por amor de su nombre.
Aunque ande en valle de sombra de muerte,
no temeré mal alguno, porque tú estarás conmigo;
tu vara y tu cayado me infundirán aliento.
Aderezas mesa delante de mí en presencia
de mis angustiadores.

Salmo 23:1-5

Dios nunca abandona a nadie en quien Él ha depositado
Su amor; ni tampoco Cristo, el buen pastor, alguna
vez le pierde el rastro a Sus ovejas.

J. I. Packer

Y si la hierba del campo que hoy es, y mañana se echa en el horno, Dios la viste así, ¿no hará mucho más a vosotros, hombres de poca fe?

Mateo 6:30

Dios se preocupa por el mundo que Él creó, desde el origen de una nación hasta la caída del gorrión. Todo lo que hay en el mundo está bajo la vigilante mirada de Sus ojos providenciales, desde el número de los días de nuestra vida hasta el número de los cabellos en nuestra cabeza. Cuando miramos el mundo desde esa perspectiva, se produce dentro de nosotros una respuesta de reverencia.

Ken Gire

Una obra de arte

Cada una de nosotras es una obra de arte especial de Dios. A través de nosotras, Él enseña e inspira, deleita y alienta, informa y edifica a todos los que ven nuestras vidas. Dios, el artista maestro, está más interesado en expresarse a sí mismo —Sus pensamientos y Sus intenciones— por medio de lo que Él pinta en nuestro carácter... [Él] quiere pintar un hermoso retrato de Su Hijo en y a través de tu vida. Una pintura como ninguna por la eternidad.

Joni Eareckson Tada

Te alabaré; porque formidables,
maravillosas son tus obras;
estoy maravillado, y mi alma lo sabe muy bien.

Salmo 139:14

Ya sea que seamos poetas o padres o maestros o artistas o jardineros, tenemos que empezar justo donde estamos y usar lo que tenemos. En el proceso de creación y relación, lo que parece mundano e insignificante puede revelarse como algo sagrado y precioso, parte de un diseño.

Luci Shaw

Retén la forma de las sanas palabras que de mí oíste, en la fe y amor que es en Cristo Jesús.

2 Timoteo 1:13

La belleza le pone un rostro a Dios. Cuando contemplamos la naturaleza, a un ser amado, una obra de arte, nuestra alma inmediatamente reconoce y se siente atraída hacia el rostro de Dios.

Margaret Brownley

El camino

Tienes un cerebro en tu cabeza. Tienes pies en tus zapatos.
Puedes dirigirte a ti misma en cualquier dirección
que elijas. Tienes que hacerlo sola. Y sabes lo que sabes.
Eres tú quien va a decidir hacia dónde ir.

Dr. Seuss

Por Jehová son ordenados los pasos del hombre, y él aprueba su camino. Cuando el hombre cayere, no quedará postrado, porque Jehová sostiene su mano.

Salmo 37:23-24

Dios, quien hasta aquí te ha guiado de manera segura,
te guiará hasta el final. Puedes descansar enteramente
en la tierna y sagrada confianza que debes tener
en Su celestial Providencia.

Francis de Sales

Todas las sendas de Jehová
son misericordia y verdad,
para los que guardan su pacto
y sus testimonios.

Salmo 25:10

Tal vez no alcancemos el ideal de Dios para nosotras, pero con Su ayuda es posible movernos en esa dirección día a día a medida que vinculamos a Él cada detalle de nuestras vidas.

Reconócelo en todos tus caminos,
y él enderezará tus veredas.

Proverbios 3:6

Mi socorro

Alzaré mis ojos a los montes;
¿De dónde vendrá mi socorro?
Mi socorro viene de Jehová,
que hizo los cielos y la tierra.
No dará tu pie al resbaladero,
ni se dormirá el que te guarda.
He aquí, no se adormecerá ni dormirá
el que guarda a Israel.
Jehová es tu guardador;
Jehová es tu sombra a tu mano derecha.
El sol no te fatigará de día,
ni la luna de noche.
Jehová te guardará de todo mal;
Él guardará tu alma.
Jehová guardará tu salida y tu entrada
desde ahora y para siempre.

Salmo 121:1-8

Lo que sea que Dios nos dice que hagamos,
Él también nos ayuda a hacerlo.

Dora Greenwell

Tenemos un Padre en los cielos que es todopoderoso, que ama a Sus hijos como ama a Su Hijo unigénito, y cuya alegría y deleite es... ayudarles en todo tiempo y bajo toda circunstancia.

George Mueller

Nuestro socorro está en el nombre de Jehová, que hizo el cielo y la tierra.

Salmo 124:8

Cuando oramos, debemos tener presente todos los defectos y los excesos que sentimos, y verterlos libremente ante Dios, nuestro Padre fiel, quien está listo para ayudar.

Martín Lutero

El hoy es único

Cada día que vivimos es un regalo inestimable de Dios, repleto de posibilidades para aprender algo nuevo, para ganar nuevas perspectivas.

Dale Evans Rogers

Este es el día que hizo Jehová;
nos gozaremos y alegraremos en él.

Salmo 118:24

¡El hoy es único! Nunca ha ocurrido antes y nunca será repetido. Terminará a la medianoche, silenciosa, repentina y totalmente. Para siempre. Pero las horas de aquí a entonces son oportunidades con posibilidades eternas.

Charles R. Swindoll

Bendeciré a Jehová en todo tiempo;
su alabanza estará de continuo en mi boca.

Salmo 34:1

El tiempo es un hermoso regalo de Dios; tan precioso
que sólo es dado a nosotras de momento a momento.

Amelia Barr

Seguid el amor; y procurad los dones espirituales..

1 Corintios 14:1

Cada día nos ofrece tiempo para acercarnos a Dios y dar
nuevos pasos a vivir con un propósito.

Mirad, pues, con diligencia cómo andéis, no como necios
sino como sabios, aprovechando bien el tiempo ...
Por tanto, no seáis insensatos, sino entendidos de cuál
sea la voluntad del Señor.

Efesios 5:15-17

El lado positivo

¡Trata de mantener tu sentido de humor! Cuando puedes ver el lado gracioso de un problema, a veces deja de ser un problema tan grande.

Emilie Barnes

Haz volver nuestra cautividad, oh Jehová, ... los que sembraron con lágrimas, con regocijo segarán. Irá andando y llorando el que lleva la preciosa semilla.

Salmo 126:4-6

Mantén tu rostro hacia el sol
y no podrás ver la sombra.

Helen Keller

Mas la senda de los justos es como la luz de la aurora, que va en aumento hasta que el día es perfecto.

Proverbios 4:18

Nunca lastima a tu vista el ver las cosas del lado positivo.

Barbara Johnson

En el mundo tendréis aflicción; pero confiad, yo he vencido al mundo.

Juan 16:33

Cuando estoy estresada, pienso en mis amigas y en lo mucho que ellas me aman.

Jasmine J.

Gozaos con los que se gozan.

Romanos 12:15

Dios se complace cuando te regocijas o te ríes desde lo profundo de tu corazón.

Martín Lutero

Semillas

No juzgues el día por la cosecha que siegas,
sino por las semillas que plantas.

Robert Louis Stevenson

Por la mañana siembra tu semilla, y a la tarde no dejes reposar tu mano; porque no sabes cuál es lo mejor, si esto o aquello, o si lo uno y lo otro es igualmente bueno.

Eclesiastés 11:6

Consideraría que mi existencia terrenal ha sido un desperdicio a menos que pueda recordar a una familia amorosa, una inversión consistente en las vidas de personas y un intento ardiente de servir al Dios que me creó.

James Dobson

Asíque ni el que planta es algo, ni el que riega, sino Dios, que da el crecimiento. Y el que planta y el que riega son una misma cosa; aunque cada uno recibirá su recompensa conforme a su labor.

1 Corintios 3:7-8

El verdadero significado de la vida es plantar árboles, bajo cuya sombra no esperas sentarte.

Nelson Henderson

A su alma hace bien el hombre misericordioso; mas el cruel se atormenta a sí mismo.

Proverbios 11:17

Sueños prometedores

No importa tu edad ni tu situación, tus sueños son alcanzables. Ya sea que tengas cinco años o ciento cinco, ¡tienes toda una vida por delante!

Suave ciertamente es la luz, y agradable a los ojos ver el sol; pero aunque un hombre viva muchos años, y en todos ellos tenga gozo, acuérdese sin embargo que los días de las tinieblas serán muchos.

Eclesiastés 11:7-8

Un lápiz #2 y un sueño te pueden llevar adondequiera.

Joyce Meyer

Tira tus sueños desteñidos no en el basurero sino en una gaveta donde muy probablemente rebusques alguna mañana resplandeciente.

Robert Brault

Lo realmente importante no es la acción bien realizada ni la medalla que posees, sino la dedicación y los sueños de los cuales estas crecieron.

Robert H. Benson

Mas buscad primeramente el reino de Dios y su justicia, y todas estas cosas os serán añadidas.

Mateo 6:33

La mitad de la victoria del éxito se gana cuando uno crea el hábito de establecer metas y de alcanzarlas. Aun la faena más tediosa se vuelve tolerable cuando desfilas a través de cada día convencido de que cada tarea, sin importar cuán servil o aburrida, te acerca más a la realización de tus sueños.

Og Mandino

Cuando hablas

Ninguna palabra corrompida salga de vuestra boca,
sino la que sea buena para la necesaria edificación,
a fin de dar gracia a los oyentes.

Efesios 4:29

Cuando hables, usa las mismas palabras que usarías si Jesús estuviera mirando por encima de tu hombro. Porque lo está haciendo.

Marie T. Freeman

Porque de la abundancia del corazón habla la boca.

Mateo 12:34

Todo tiene su tiempo, y todo lo que se quiere
debajo del cielo tiene su hora ... tiempo
de callar, y tiempo de hablar.

Eclesiastés 3:1, 7

Un pequeño consejo con amabilidad es mejor
que una gran reprimenda.

Fanny Crosby

Panal de miel son los dichos suaves;
suavidad al alma y medicina para los huesos.

Proverbios 16:24

Todo hombre sea pronto para oír, tardo
para hablar, tardo para airarse.

Santiago 1:19

Una amiga entiende lo que estás tratando de decir... aun
cuando tus pensamientos no se expresen en palabras.

Ann D. Parrish

Sean gratos los dichos de mi boca y la meditación
de mi corazón delante de ti,
Oh Jehová, roca mía, y redentor mío.

Salmo 19:14

Su hermoso mundo

Quiera Dios que jamás camine por Su hermoso mundo con ojos que no ven; quiera Dios que jamás el señuelo del mercado pueda separar completamente mi corazón del amor por las acres al aire libre y los verdes árboles; quiera Dios que jamás bajo el techo de poca altura del taller o la oficina o el estudio alguna vez olvide Su maravilloso y alto cielo.

John Baillie

Todo lo hizo hermoso en su tiempo; y ha puesto eternidad en el corazón de ellos, sin que alcance el hombre a entender la obra que ha hecho Dios desde el principio hasta el fin.

Eclesiastés 3:11

Si Dios ha hecho este mundo tan bello...
¡Cuán hermoso, más allá de toda
comparación, será el paraíso!

James Montgomery

Toda la tierra está llena de su gloria.

Isaías 6:3

Nuestro Creador jamás hubiera creado días tan estupendos,
ni nos hubiera dado corazones intensos para disfrutarlos,
por encima y más allá de todo pensamiento, a menos que
haya tenido la intención de que fuéramos inmortales.

Nathaniel Hawthorne

Que Dios te conceda ojos para ver la belleza
que sólo el corazón puede entender.

Aprende todo lo posible

Olvida la idea de que sólo los niños deben invertir su tiempo en el estudio. Sé un estudiante mientras todavía tengas algo que aprender; esto es, toda tu vida.

Henry L. Doherty

Una cosa he demandado a Jehová, ésta buscaré; que esté yo en la casa de Jehová todos los días de mi vida, para contemplar la hermosura de Jehová, y para inquirir en su templo.

Salmo 27:4

Es lo que aprendes después que lo sabes todo lo que cuenta..

Harry S. Truman

Oirá el sabio, y aumentará el saber, y el entendido adquirirá consejo.

Proverbios 1:5

El estudio de la naturaleza y el carácter de Dios es el proyecto más útil que cualquiera puede emprender. Conocer sobre Dios es crucialmente importante para vivir nuestras vidas.

J. I. Packer

Pero persiste tú en lo que has aprendido y te persuadiste, sabiendo de quién has aprendido; y que desde la niñez has sabido las Sagradas Escrituras, las cuales te pueden hacer sabio para la salvación por la fe que es en Cristo Jesús.

2 Timoteo 3:14-15

Una sola conversación en la mesa con una persona sabia vale más que un mes estudiando libros.

Proverbio chino

El más grande amor

Vestíos, pues, como escogidos de Dios, santos y amados, de entrañable misericordia, de benignidad, de humildad, de mansedumbre, de paciencia; soportándoos unos a otros, y perdonándoos unos a otros. De la manera que Cristo os perdonó, así también hacedlo vosotros. Y sobre todas estas cosas vestíos de amor, que es el vínculo perfecto.

Colosenses 3:12-14

Lo que revela un amor genuino por Dios es mi capacidad para convencer a mi familia y a otros de mi amor por ellos.

Jack Frost

Servíos por amor los unos a los otros. Porque toda la ley en esta sola palabra se cumple: Amarás a tu prójimo como a ti mismo.

Gálatas 5:13-14

El amor sea sin fingimiento. Amaos los unos a los otros con amor fraternal ... prefiriéndoos los unos a los otros.

Romanos 12:9-10

Este es mi mandamiento: Que os améis unos a otros, como yo os he amado. Nadie tiene mayor amor que este, que uno ponga su vida por sus amigos.

Juan 15:12-13

Dios, en su sabiduría, frecuentemente decide suplir nuestras necesidades mostrando Su amor hacia nosotros a través de las manos y los corazones de otros.

Jack Hayford

Antes sed benignos unos con otros, misericordiosos, perdonándoos unos a otros, como Dios también os perdonó a vosotros en Cristo.

Efesios 4:32

Paso de fe

No temas dar un gran paso si uno es necesario;
no puedes cruzar un precipicio en dos pequeños saltos.

David Lloyd George

Y él le dijo: Hija, tu fe te ha salvado; ve en paz.

Lucas 8:48

Cuando llegas al final de toda la luz que conoces,
y es tiempo de entrar en la oscuridad de lo desconocido, la
fe es la certeza de que una de dos cosas ocurrirá:
O te será dado algo sólido sobre lo que puedes
pararte o te enseñarán a volar.

Edward Teller

Porque por fe andamos, no por vista.

2 Corintios 5:7

El optimismo es la fe que conduce al logro.
Nada puede hacerse sin esperanza y confianza.

Helen Keller

Esforzaos todos vosotros los que esperáis en Jehová,
y tome aliento vuestro corazón.

Salmo 31:24

De una pequeña chispa puede estallar una poderosa llama.

Dante

Para que nuestro Dios ... cumpla todo propósito de
bondad y toda obra de fe con su poder.

2 Tesalonicenses 1:11

Saca el mayor provecho

El logro es el conocimiento de que has estudiado y trabajado arduamente, y que has hecho lo mejor que hay en ti. El éxito es que otros te elogien, y eso también es agradable, pero no es tan importante ni tan satisfactorio. Siempre apunta hacia el logro y olvídate del éxito.

Helen Hayes

[El Señor] te dé conforme al deseo de tu corazón, y cumpla todo tu consejo.

Salmo 20:4

La esperanza —en este profundo y poderoso sentido— no es lo mismo que alegría porque las cosas están saliendo bien, o la disposición para invertir en proyectos que obviamente van encaminados al éxito, sino que es una capacidad de trabajar por algo porque es bueno.

Václav Havel

En cuanto a la pasada manera de vivir, despojaos del viejo hombre, y renovaos en el espíritu de vuestra mente..

Efesios 4:22-23

Las cosas resultan mejor para la gente que saca el mejor provecho de la manera en que resultan las cosas.

Art Linkletter

El sentido común es la medida de lo posible; se compone de experiencia y previsión; es el cálculo aplicado a la vida.

Henri Frédéric Amiel

El precio del éxito es el trabajo arduo, dedicación a la tarea que estamos realizando, y la determinación de que ya sea que ganemos o perdamos, hemos aplicado lo mejor de lo nosotros a la tarea en cuestión.

Vincent T. Lombardi

Totalmente pendiente

En todo momento, Dios está totalmente pendiente de cada uno de nosotras. Totalmente pendiente, en concentración intensa y en amor... Nadie pasa por ningún área de la vida, feliz o trágica, sin tener la atención de Dios.

Eugenia Price

A los fieles guarda Jehová.

Salmo 31:23

Porque Dios es responsable por nuestro bienestar, se nos dice que depositemos todas nuestras preocupaciones sobre Él, pues Él cuida de nosotros. Dios dice: <<Yo llevaré la carga –no lo pienses mucho– déjamelo a Mí>>. Dios está profundamente consciente de que dependemos de Él para las necesidades de la vida.

Billy Graham

Yo me acosté y dormí,
y desperté, porque Jehová me sustentaba.

Salmo 3:5

Eres la belleza creada por Dios, y el enfoque
de Su amor y deleite.

Janet L. Smith

Echando toda vuestra ansiedad sobre él, porque
él tiene cuidado de vosotros.

1 Pedro 5:7

*De las pequeñas aves del cielo y de
los frágiles lirios del campo aprendemos la misma
verdad, que es muy importante para aquellos
que desean una vida de fe sencilla: Dios cuida de
los suyos. Él conoce nuestras necesidades.
Él anticipa nuestras crisis.*

Charles Swindoll

Da libremente

No puedes vivir un día perfecto sin hacer algo
por alguien que jamás podrá compensarte.

John Wooden

Cada uno según el don que ha recibido, minístrelo
a los otros, como buenos administradores
de la multiforme gracia de Dios.

1 Pedro 4:10

El dar es una alegría si lo hacemos en el espíritu correcto.
Todo depende si pensamos en ello como <<¿De qué puedo
prescindir?>> o como <<¿Qué puedo compartir?>>

Esther York Burkholder

Aquellos que usen su destreza e imaginación
constructiva para ver cuánto pueden dar por un dólar,
en vez de cuán poco pueden dar por un dólar,
están encaminados a tener éxito.

Henry Ford

Porque la ministración de este servicio no solamente suple lo que a los santos falta, sino que también abunda en muchas acciones de gracias a Dios; pues por la experiencia de esta ministración glorifican a Dios por la obediencia que profesáis al evangelio de Cristo, y por la liberalidad de vuestra contribución para ellos y para todos.

2 Corintios 9:12-13

El secreto de la vida es que todo lo que tenemos
y somos es un regalo de gracia para ser compartido.

Lloyd John Ogilvie

Recuérdales ... que estén dispuestos a toda buena obra.
Que a nadie difamen, que no sean pendencieros,
sino amables, mostrando toda mansedumbre
para con todos los hombres.

Tito 3:1-2

Aprende más

Aprendes algo todos los días, si prestas atención.

Ray LeBlond

Oye, hijo mío, la instrucción de tu padre,
y no desprecies la dirección de tu madre;
porque adorno de gracia serán a tu cabeza,
y collares a tu cuello

Proverbios 1:8-9

El propósito del aprendizaje es el crecimiento, y nuestras mentes, a diferencia de nuestros cuerpos, pueden seguir creciendo mientras continuamos viviendo.

Mortimer Adler

***El corazón del entendido adquiere sabiduría;
y el oído de los sabios busca la ciencia.***

Proverbios 18:15

Estoy derrotado, y lo sé, si conozco a cualquier
ser humano de quien no soy capaz de aprender algo.

George Herbert Palmer

Da al sabio, y será más sabio;
enseña al justo, y aumentará su saber.

Proverbios 9:9

No importa cuánto alguien pueda pensar que ha logrado,
cuando se propone aprender un nuevo idioma,
ciencia o a correr bicicleta, ha entrado en un nuevo
plano tan propiamente como si fuera un
recién nacido que llega al mundo.

Frances Willard

No os conforméis a este siglo, sino transformaos
por medio de la renovación de vuestro entendimiento,
para que comprobéis cuál sea la buena voluntad
de Dios, agradable y perfecta.

Romanos 12:2

Romance divino

Adquiere el hábito de decir «Habla, Señor»,
y la vida se convertirá en un romance.

Oswald Chambers

Enamorarse de Dios es el mayor de los romances... buscarlo es la más grande aventura, y encontrarlo el más importante logro del ser humano.

Agustín

Ni lo alto, ni lo profundo, ni ninguna otra cosa creada nos podrá separar del amor de Dios.

Romanos 8:39

El amor de Dios es como un río que brota en la Divina Substancia y que fluye interminablemente a través de Su creación, llenando todo con vida y bondad y fortaleza.

Thomas Merton

Me llevó a la casa del banquete,
y su bandera sobre mí fue amor..

Cantares 2:4

Ama totalmente a Aquel que se dio a sí mismo
totalmente por tu amor.

Clare de Assisi

Y nosotros hemos conocido y creído el amor que Dios tiene para con nosotros. Dios es amor; y el que permanece en amor, permanece en Dios, y Dios en él.

1 Juan 4:16

La belleza santa de Dios se acerca a ti, como un aroma espiritual, y despierta tu alma adormecida. ... Él crea en ti el deseo de encontrarlo y de correr tras Él; de seguirlo dondequiera Él te dirija y de apretarte tranquilamente contra Su corazón dondequiera que Él esté. Si estás buscando a Dios, puedes estar segura de esto: Dios te está buscando a ti mucho más. Él es el Amante, y tú eres Su amada. Él se ha prometido a Sí mismo a ti.

Juan de la Cruz

Obra gratificante

No hay emoción en un tranquilo viaje en velero
cuando el cielo está claro y azul,
no hay alegría en hacer meramente las cosas que
cualquiera puede hacer.
Pero sí hay una satisfacción que es muy dulce
de saborear cuando alcanzas un destino que
jamás pensaste que podrías alcanzar.

Siempre que te sea posible, escoge una profesión que
practicarías aun si no necesitaras el dinero.

William Lyon Phelps

Sirviendo de buena voluntad, como al Señor
y no a los hombres.

Efesios 6:7

El hombre será saciado de bien del fruto de su boca;
y le será pagado según la obra de sus manos.

Proverbios 12:14

La belleza también debe ser encontrada
en un día de trabajo.

Mamie Sypert Burns

*Mi corazón gozó de todo mi trabajo;
y esta fue mi parte de toda mi faena.*

Eclesiastés 2:10

El secreto de la alegría en el trabajo está contenida
en una palabra: excelencia. Saber cómo hacer
algo bien es disfrutarlo.

Pearl S. Buck

Así que, hermanos míos amados, estad firmes y constantes,
creciendo en la obra del Señor siempre, sabiendo que
vuestro trabajo en el Señor no es en vano.

1 Corintios 15:58

Atrévete a soñar

Y tu justicia, oh Dios, hasta lo excelso.
Tú has hecho grandes cosas;
Oh Dios, ¿quién como tú?

Salmo 71:19

¡No puedes experimentar el éxito más allá de tus sueños más audaces hasta que te atreves a soñar algo audaz!

Scott Sorrell

Y a Aquel que es poderoso para hacer todas las cosas mucho más abundantemente de lo que pedimos o entendemos...

Efesios 3:20

Por alguna razón, no puedo creer que exista alguna cumbre que una persona que conoce los secretos de hacer los sueños realidad no pueda escalar. Este secreto especial ... puede resumirse en cuatro C's: curiosidad, confianza, coraje y constancia.

Walt Disney

Come, hijo mío, de la miel, porque es buena,
y el panal es dulce a tu paladar.
Así será a tu alma el conocimiento
de la sabiduría;
si la hallares tendrás recompensa,
y al fin tu esperanza no será cortada.

Proverbios 24:13-14

De aquí a cien años tu salario actual va a ser irrelevante. De aquí a cien años no va a importar si tuviste esa gran oportunidad, si viajaste a Europa o si finalmente cambiaste tu auto por un Mercedes... lo que sí será relevante es si conociste a Dios.

David Sibley

Hijo mío, está atento a mis palabras;
guárdalas en medio de tu corazón;
porque son vida a los que las hallan,
sobre toda cosa guardada, guarda tu corazón;
Porque de él mana la vida.

Proverbios 4:20-23

En ti misma

Saca el máximo partido de ti misma, porque eso
lo resume todo para ti.

Ralph Waldo Emerson

Andad sabiamente para con los de afuera, redimiendo el tiempo. Sea vuestra palabra siempre con gracia, sazonada con sal, para que sepáis cómo debéis responder a cada uno.

Colosenses 4:5-6

Esa oportunidad única que estás buscando está en ti misma. No está en tu entorno; no está en la suerte ni en la casualidad, ni en la ayuda de otros; está sólo en ti misma.

Orison Swett Marden

Por lo cual, hermanos, tanto más procurad hacer firme vuestra vocación y elección; porque haciendo estas cosas, no caeréis jamás. Porque de esta manera os será otorgada amplia y generosa entrada en el reino eterno de nuestro Señor y Salvador Jesucristo.

2 Pedro 1:10-11

La persona más importante con la que tienes que ser sincera es contigo misma.

Convertirte en líder es sinónimo de llegar a ser tú misma. Es precisamente así de sencillo, y es también así de difícil.

Warren G. Bennis

De modo que si alguno está en Cristo, nueva criatura es; las cosas viejas pasaron; he aquí todas son hechas nuevas. Y todo esto proviene de Dios,

1 Corintios 5:17-18

Amor inconmensurable

Somos amadas tan entrañablemente por Dios que ni siquiera podemos comprenderlo. Ningún ser creado podrá jamás conocer cuánto, y cuán dulce y tiernamente Dios le ama. Es sólo con la ayuda de Su gracia que somos capaces de perseverar en... un asombro eterno ante el alto, insuperable, inconmensurable amor que nuestro Señor, en Su bondad, tiene por nosotros.

Julián de Norwich

Con amor eterno te he amado; por tanto,
te prolongué mi misericordia.

Jeremías 31:3

Si tienes hoy una necesidad especial, enfoca toda tu atención en la bondad y grandeza de tu Padre, en lugar de mirar el tamaño de tu necesidad. Tu necesidad es bien pequeña comparada con Su habilidad de suplirla.

Dios dice: «Te amo sin importar lo que hagas». Su amor es incondicional e interminable.

No mantengas tu atención en tus debilidades íntimas. Simplemente haz esto: Trae tu alma ante el Gran Médico; tal como estás, aun y especialmente en tu peor momento... Porque es justo en esos momentos que más fácilmente sentirás Su presencia sanadora.

Teresa de Ávila

Para que habite Cristo por la fe en vuestros corazones, a fin de que, arraigados y cimentados en amor ... seáis llenos de toda la plenitud de Dios.

Efesios 3:17, 19

Toda necesidad

Dios no quiere nada de nosotras, excepto nuestras
necesidades, y esto le provee espacio a Él para exhibir
Su generosidad cuando las suple abundantemente...
No lo que tengo, sino lo que no tengo, es
el primer punto de contacto entre mi alma y Dios.

Charles H. Spurgeon

Pues él es quien da a todos vida y aliento y todas las cosas.

Hechos 17:25

*Jesucristo ha presentado cada necesidad,
cada alegría, cada gratitud, cada esperanza
nuestra ante Dios. Él nos acompaña y nos lleva
ante la presencia de Dios.*

Dietrich Bonhoeffer

Por nada estéis afanosos, sino sean conocidas vuestras peticiones delante de Dios en toda oración y ruego, con acción de gracias. Y la paz de Dios, que sobrepasa todo entendimiento, guardará vuestros corazones y vuestros pensamientos en Cristo Jesús.

Filipenses 4:6-7

El <<aire>> que nuestra alma necesita también nos envuelve a todos, en todo momento y por todos lados. Dios está por doquier... en cada mano, con una gracia polifacética y que basta.

Ole Hallesby

Mi Dios, pues, suplirá todo lo que os falta conforme a sus riquezas en gloria en Cristo Jesús.

Filipenses 4:19

Asombro y alabanza

Si nunca has escuchado a las montañas cantar, ni has visto a los árboles del campo aplaudir, no pienses que por eso no lo hacen. Pídele a Dios que abra tus oídos para que puedas escucharlas, y tus ojos para que puedas verlos, porque, aunque muy pocas personas lo saben, las montañas y los árboles lo hacen, mi amiga, lo hacen.

Phillips McCandlish

¿Quién expresará las poderosas obras de Jehová? ¿Quién contará sus alabanzas?

Salmo 106:2

El amor del Padre es como un repentino aguacero
que cae a cántaros cuando menos lo esperas,
atrapándote en asombro y alabanza.

Richard J. Foster

La maravilla de la vida es sostenida dentro de la belleza del silencio, la gloria de luz del sol... la dulzura del aire fresco de primavera, la fuerza silenciosa de la tierra, y el amor que se encuentra en la raíz misma de todas las cosas.

Jehová es mi fortaleza y mi cántico,
y ha sido mi salvación.
Este es mi Dios, y lo alabaré;
Dios de mi padre, y lo enalteceré.
¿Quién como tú, magnífico en santidad,
terrible en maravillosas hazañas, hacedor de prodigios?

Éxodo 15:2, 11

Persevera

La diferencia entre la perseverancia y la obstinación es que, con frecuencia, una proviene de unas fuertes ganas, y la otra de un no tener ganas muy fuerte.

Henry Ward Beecher

Bienaventurado el varón que soporta la tentación; porque cuando haya resistido la prueba, recibirá la corona de vida, que Dios ha prometido a los que le aman.

Santiago 1:12

La vida no es fácil para ninguna de nosotras. Pero, ¿y qué? Tenemos que tener perseverancia y, sobre todo, confianza en nosotras mismas. Tenemos que creer que tenemos el talento para algo, y que ese algo tiene que ser alcanzado.

Marie Curie

Fuimos creados para perseverar.
Así es como descubrimos quiénes somos.

Tobias Wolff

Y yo os digo: Pedid, y se os dará; buscad, y hallaréis;
llamad, y se os abrirá.

Lucas 11:9

Nunca, nunca, nunca te rindas.

Winston Churchill

Despojémonos de todo peso y del pecado que nos asedia, y
corramos con paciencia la carrera que tenemos por delante,
puestos los ojos en Jesús, el autor y consumador de la fe.

Hebreos 12:1-2

Siempre amada

Dios nos ama por nosotras mismas. Él valora nuestro amor más de lo que valora las galaxias de mundos recién creados.

A. W. Tozer

Si crees en Dios entonces no se te hace muy difícil creer que Él se preocupa por el universo y por todos los eventos en esta tierra. Pero el mensaje realmente asombroso de la Biblia es que este mismo Dios se preocupa profundamente por ti y tu identidad, y los eventos de tu vida...
Nos hemos perdido el impacto completo del Evangelio si no hemos descubierto lo que es ser nosotros mismos, amados por Dios, irremplazables ante Su mirada, únicos entre nuestros semejantes.

Bruce Larson

Porque dije: Para siempre será edificada misericordia;
En los cielos mismos afirmarás tu verdad.

Salmo 89:2

Nuestra grandeza descansa únicamente en el hecho de que Dios en Su incomprensible bondad ha impartido Su amor sobre nosotros. Dios no nos ama porque seamos valiosos; somos valiosos porque Dios nos ama.

Helmut Thielicke

Porque Jehová es bueno; para siempre es su misericordia,y su verdad por todas las generaciones.

Salmo 100:5

Permite que tu fe en Cristo, el Omnipresente, descanse en la tranquila confianza de que cada día y en cada momento Él te guardará como la niña de Su ojo.

Andrew Murray

Levántate y dirige

El liderazgo es una combinación de estrategia y carácter. Si tienes que prescindir de una, que sea la estrategia.

H. Norman Schwarzkopf

Misericordia y verdad guardan al rey,
Y con clemencia se sustenta su trono.

Proverbios 20:28

En los términos más sencillos, los líderes son aquellos que saben a dónde quieren ir, se levantan y van.

John Erskine

Donde no hay dirección sabia, caerá el pueblo;
mas en la multitud de consejeros hay seguridad.

Proverbios 11:14

Los líderes verdaderos son personas ordinarias con una determinación extraordinaria.

Los labios justos son el contentamiento de los reyes,
y éstos aman al que habla lo recto.

Proverbios 16:13

Los hombres hacen historia, y no al revés. En períodos en los que no hay liderazgo, la sociedad permanece inmóvil. El progreso ocurre cuando líderes valientes y hábiles aprovechan la oportunidad para cambiar las cosas para mejorar.

Harry S. Truman

Los entendidos resplandecerán como el resplandor del firmamento; y los que enseñan la justicia a la multitud, como las estrellas a perpetua eternidad.

Daniel 12:3

Cuando creces en un ambiente en el que... el compromiso y la dedicación no son sólo temas de conversación sino que se viven tan plena y tan honestamente, no hay manera en que esto no eche raíces en tu ser.

Yolanda King

Da abundantemente

Dad, y se os dará; medida buena, apretada, remecida y rebosando darán en vuestro regazo; porque con la misma medida con que medís, os volverán a medir.

Lucas 6:38

Sabios son aquellos que aprenden que el saldo final no siempre tiene que ser su mayor prioridad.

William A. Ward

De más estima es el buen nombre que las muchas riquezas, y la buena fama más que la plata y el oro.

Proverbios 22:1

La medida de una vida, después de todo, no es su duración, sino su contribución.

Corrie ten Boom

Sin falta le darás, y no serás de mezquino corazón cuando le des; porque por ello te bendecirá Jehová tu Dios en todos tus hechos, y en todo lo que emprendas. Por eso yo te mando, diciendo: Abrirás tu mano a tu hermano, al pobre y al menesteroso en tu tierra.

Deuteronomio 15:10-11

Recuerda, el dar es un privilegio... no una obligación. No todo el mundo tiene suficiente para dar a los demás.

En todo os he enseñado que, trabajando así, se debe ayudar a los necesitados, y recordar las palabras del Señor Jesús, que dijo: Más bienaventurado es dar que recibir.

Hechos 20:35

Ajetreo

Procura no estar tan ocupada que te pierdas esos pequeños pero importantes extras en la vida: la belleza de un día ... la sonrisa de una amiga... Porque con frecuencia son los pequeños placeres y las alegrías apacibles de la vida las que marcan la más grande y duradera diferencia.

Ciertamente como una sombra es el hombre;
ciertamente en vano se afana;
amontona riquezas, y no sabe quién las recogerá.
Y ahora, Señor, ¿qué esperaré?
Mi esperanza está en ti.

Salmo 39:6-7

No existen atajos a ningún lugar al que valga la pena ir.

Beverly Sills

Porque ¿qué aprovechará al hombre, si ganare todo el mundo, y perdiere su alma? ¿O qué recompensa dará el hombre por su alma?

Mateo 16:26

El ajetreo de la vida tiene a muchas de nosotras tratando desesperadamente de acomodar demasiadas actividades en cada día. Los expertos nos dirían que cuando estamos bajo estrés, es cuando especialmente deberíamos separar tiempo para ejercitarnos. Esto es aún más cierto para nuestra salud espiritual y emocional que lo menos que debiéramos eliminar de nuestras agendas es nuestro tiempo a solas con el Señor.

Y la paz de Dios, que sobrepasa todo entendimiento,
guardará vuestros corazones y vuestros
pensamientos en Cristo Jesús.

Filipenses 4:7

Oh Señor, Tú sabes cuán ocupada tengo que estar hoy.
Si me olvido de Ti, no te olvides Tú de mí.

Anthony Ashley Cooper

Un diseño de belleza

Veo en las estrellas, en los ríos y en los campos,
parches de cielo e hilos de paraíso. Permíteme
coser la tierra, el día, el sendero de mi vida en un
diseño que forme un edredón, el edredón de Dios,
para que me abrigue hoy y siempre.

Christopher de Vinck

<<Toma tu aguja, mi hijo, y trabaja en tu diseño;
resultará en una rosa, con el tiempo>>. La vida es así;
una puntada a la vez, cosida pacientemente, y el diseño
resultará muy bien, como un bordado.

Oliver Wendell Holmes

¡Ojalá fuesen ordenados mis caminos
para guardar tus estatutos!
Te alabaré con rectitud de corazón
cuando aprendiere tus justos juicios.

Salmo 119:5, 7

Aun cuando todo lo que vemos son los hilos enredados en el reverso del tapiz de la vida, sabemos que Dios es bueno y siempre está listo para hacernos bien.

Richard J. Foster

Consideradas por separado, las experiencias de la vida pueden hacernos mal y no bien. Consideradas en conjunto, forman un diseño de bendición y fortaleza de un tipo que el mundo no conoce.

V. Raymond Edman

Los diseños de nuestros días siempre están cambiando... reconfigurándose... y cada diseño para vivir es único... adornado con su propia belleza especial.

Aprende ahora

¿Sabes cuál es la diferencia entre educación y experiencia?
Educación es cuando lees las letras pequeñas;
experiencia es lo que ganas cuando no lo haces.

Pete Seeger

El que tiene en poco la disciplina menosprecia su alma;
Mas el que escucha la corrección tiene entendimiento.
El temor de Jehová es enseñanza de sabiduría;
y a la honra precede la humildad.

Proverbios 15:32-33

Aprende lo más posible cuando eres joven, porque
después la vida se complica demasiado.

Dana Stewart Scott

Ninguno tenga en poco tu juventud, sino sé ejemplo de los
creyentes en palabra, conducta, amor, espíritu, fe y pureza.

1 Timoteo 4:12

Cualquiera que deja de aprender es viejo,
ya sea a los veinte o a los ochenta.

Henry Ford

Cesa, hijo mío, de oír las enseñanzas que
te hacen divagar de las razones de sabiduría.

Proverbios 19:27

***Aprendemos más buscando la respuesta
a una pregunta... que lo que aprendemos
de la respuesta misma.***

Lloyd Alexander

Mas si desde allí buscares a Jehová tu Dios, lo hallarás, si
lo buscares de todo tu corazón y de toda tu alma.

Deuteronomio 4:29

Distintos dones

Todo el mundo tiene un rol único que
llevar a cabo en el mundo y es, en alguna medida,
importante. Todo el mundo, incluyendo y quizás
especialmente tú, es indispensable.

Nathaniel Hawthorne

*Porque de la manera que en un cuerpo tenemos
muchos miembros, pero no todos los miembros
tienen la misma función, así nosotros,
siendo muchos, somos un cuerpo en Cristo,
y todos miembros los unos de los otros.
De manera que, teniendo diferentes dones,
según la gracia que nos es dada.*

Romanos 12:4-6

Lo que somos es el regalo de Dios a nosotros. Lo que
llegamos a ser es nuestro regalo a Dios.

Eleanor Powell

Porque sol y escudo es Jehová Dios;
Gracia y gloria dará Jehová.
No quitará el bien a los que andan en integridad.

Salmo 84:11

Dios tiene un plan maravilloso para cada persona
que Él ha escogido. Él sabía aun antes de crear
este mundo qué belleza pondría de manifiesto
a partir de nuestras vidas.

Louise B. Wyly

Para que os dé, conforme a las riquezas
de su gloria, el ser fortalecidos con poder
en el hombre interior por su Espíritu; para que
habite Cristo por la fe en vuestros corazones.

Efesios 3:16-17

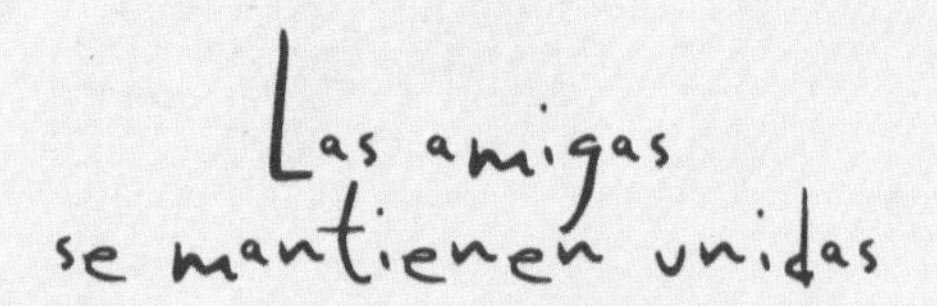

Las amigas se mantienen unidas

Las amigas son una parte indispensable de una vida significativa. Con ellas compartimos nuestras cargas y multiplicamos nuestras bendiciones. Una verdadera amiga se mantiene a nuestro lado en nuestras alegrías y tristezas. En los tiempos buenos y en los malos, necesitamos amigas que oren por nosotras, nos escuchen, y nos presten una mano reconfortante y un oído comprensivo cuando es necesario.

Beverly LaHaye

Trae pan a la mesa y tus amigas traerán alegría para compartir.

Proverbio francés

El hombre que tiene amigos ha de mostrarse amigo; y amigo hay más unido que un hermano.

Proverbios 18:24

Una amiga es alguien que te quiere con entendimiento, y también con emoción.

Robert Louis Stevenson

Mejor es reprensión manifiesta
que amor oculto.
Fieles son las heridas del que ama;
pero importunos los besos del que aborrece.

Proverbs 27:5-6 NLT

Sostén a una verdadera amiga con tus dos manos.

Proverbio nigeriano

Uno de los mayores tesoros de la vida es el amor
que une a los corazones en amistad.

Mejores son dos que uno; porque tienen mejor
paga de su trabajo. Porque si cayeren, el uno
levantará a su compañero.

Eclesiastés 4:9-10

La amistad es el único cemento que siempre
mantendrá unido al mundo.

El ungüento y el perfume alegran el corazón,
y el cordial consejo del amigo, al hombre.

Proverbios 27:9

El ritmo del amor

Deja que Dios te tome, y deja que Dios te ame...
y no te sorprendas si tu corazón comienza a escuchar
una música nunca antes escuchada y tus pies aprenden
a bailar como nunca antes.

Max Lucado

Dios conoce el ritmo de mi espíritu y conoce los
pensamientos de mi corazón.

*Venid a mí todos los que estáis trabajados
y cargados, y yo os haré descansar. Llevad
mi yugo sobre vosotros, y aprended de mí,
que soy manso y humilde de corazón; y hallaréis
descanso para vuestras almas; porque mi yugo
es fácil, y ligera mi carga.*

Mateo 11:28-30

Del corazón de Dios viene el ritmo más fuerte:
el ritmo del amor. Sin Su amor resonando en nosotros,
cualquier cosa que hagamos sonará como un gong
ruidoso o un sonido metálico. Así que, la tarea
del corazón humano, me parece, es estar pendiente
a esa música y tratar sus ritmos.

Ken Gire

Y cantores y tañedores en ella dirán:
Todas mis fuentes están en ti.

Salmo 87:7

En la espera, comenzamos a encontrarnos con los
ritmos de la vida: quietud y acción, escuchar y decidir.
Estos son los ritmos de Dios. Es en el diario vivir,
en lo común y corriente, que aprendemos paciencia,
aceptación y contentamiento.

Richard J. Foster

La senda de Dios

Oye, hijo mío, y sé sabio,
y endereza tu corazón al camino.

Proverbios 23:19

Aquellas que corren en la senda de los mandamientos de Dios han liberado sus corazones.

El corazón del hombre piensa su camino;
mas Jehová endereza sus pasos.

Proverbios 16:9

Están bien guiadas las que Dios guía.

Proverbio escocés

La sabiduría de Dios siempre está disponible para ayudarnos a decidir ante las alternativas que encaramos, y ayudarnos a seguir Su eterno plan para nosotras.

Gloria Gaither

Lámpara es a mis pies tu palabra, y lumbrera a mi camino.

Salmo 119:105

Cualquier persona que camina un paso hacia Dios,
Dios corre dos hacia ella.

Proverbio judío

***De Jehová son los pasos del hombre;
¿cómo, pues, entenderá el hombre su camino?***

Proverbios 20:24

La Palabra de Dios actúa como luz en nuestros caminos. Puede ayudar a espantar los pensamientos indeseados de nuestras mentes y a protegernos del enemigo.

Gary Smalley y John Trent

El sol de Dios brillando sobre tu cabeza,
Las flores de Dios junto a tus pies...
Y dirigida por tales senderos placenteros,
Que toda tu vida llena de dulzura esté.

Helen Waithman

Pureza

Nuestros corazones no son felices sólo por medio de palabras. Debemos ir en pos de una vida buena y pura, calmar nuestras mentes y tener confianza ante Dios.

Thomas à Kempis

Crea en mí, oh Dios, un corazón limpio,
y renueva un espíritu recto dentro de mí.
No me eches de delante de ti,
y no quites de mí tu santo Espíritu.
Vuélveme el gozo de tu salvación,
y espíritu noble me sustente.

Salmo 51:10-12

El secreto de la pureza es Dios. Recibe un corazón puro de parte de Dios y puedes ser supremamente feliz sin importar las circunstancias ni lo que esté ocurriendo a tu alrededor.

Billy Graham

El puro de corazón vive transparentemente...
sin engaño, sin motivos ocultos.

Charles R. Swindoll

El limpio de manos y puro de corazón;
él recibirá bendición de Jehová.

Salmo 24:4-5

El amor no es recibir, sino dar. No es un sueño audaz de placer ni una locura de deseo... ¡oh, no, el amor no es eso! Es bondad y honor y paz y vida pura... sí, eso es el amor y es lo mejor del mundo y lo que más tiempo dura.

Henry Van Dyke

Sueños realizados

Alza tus ojos. Tu Padre celestial espera para bendecirte... en formas inconcebibles para hacer de tu vida lo que jamás soñaste que podría ser.

Anne Ortlund

Pero los que esperan a Jehová tendrán nuevas fuerzas; levantarán alas como las águilas; correrán, y no se cansarán; caminarán, y no se fatigarán.

Isaías 40:31

Dios nos creó con un abrumador deseo de remontar el vuelo.... Él nos diseñó para ser tremendamente productivas y <<volar como las águilas>>, soñando de manera realista en lo que Él puede hacer con nuestro potencial.

Carol Kent

Yo he venido para que tengan vida, y para que la tengan en abundancia.

Juan 10:10

Dios no es un sueño difícil de entender ni un fantasma que perseguir, sino una persona divina para conocer. Él no nos esquiva, sino que nos busca. Y cuando le buscamos, el contacto es instantáneo.

Neva Coyle

Y te daré los tesoros escondidos, y los secretos muy guardados, para que sepas que yo soy Jehová, el Dios de Israel, que te pongo nombre.

Isaías 45:3

El corazón humano tiene tesoros escondidos, guardados en secreto, sellados en silencio. Los pensamientos, los anhelos, los sueños, los placeres, cuyos encantos se romperían si fueran revelados.

Charlotte Brontë

Creada para la felicidad

Nuestros corazones fueron creados para la felicidad.
Nuestros corazones fueron creados para disfrutar de
Aquel que los creó. Arraigada tan en lo profundo
como para ser afectada por los altibajos de la vida,
esa felicidad es conocer y ser conocida por nuestro
Creador. Él hace que nuestros corazones ardan
con una alegría resplandeciente.

Mas los justos se alegrarán; se gozarán delante
de Dios, y saltarán de alegría.

Salmo 68:3

Si alguien está alegre, significa que está viviendo
fielmente para Dios, y que nada más cuenta;
y si alguien da alegría a otros, está haciendo
la obra de Dios. Con alegría por fuera y alegría
por dentro, todo anda bien.

Janet Erskine Stuart

El gozo de Jehová es vuestra fuerza.

Nehemías 8:10

Vive para el hoy, pero mantén tus manos abiertas para el mañana. Anticipa el futuro y sus cambios con alegría. Hay una semilla del amor de Dios en cada evento, cada circunstancia, cada situación desagradable en la que tal vez te encuentres.

Barbara Johnson

De mañana sácianos de tu misericordia, y cantaremos y nos alegraremos todos nuestros días.

Salmo 90:14

La alegría es el fuego divino que mantiene nuestro propósito cálido y nuestra inteligencia resplandeciente.

Helen Keller

A Su semejanza

El Dios del universo —Aquel que creó todo y que sostiene todo en Su mano— nos creó a cada una de nosotras a Su imagen, para llevar Su semejanza, Su marca. Es sólo cuando Cristo mora en nuestros corazones, irradiando la luz pura de Su amor a través de nuestra humanidad, que descubrimos quiénes somos y para qué fuimos creadas.

Wendy Moore

Justo en el principio, fue Dios quién nos formó por Su Palabra. Él nos hizo a Su semejanza. Dios era espíritu y Él nos dio un espíritu para así Él poder entrar en nosotras y mezclar Su vida con la nuestra.

Madame Jeanne Guyon

Creadas a Su imagen, podemos tener un verdadero significado y podemos tener un verdadero conocimiento por medio de lo que Él nos ha comunicado.

Francis Schaeffer

Porque en él habita corporalmente toda la plenitud de la Deidad, y vosotros estáis completos en él.

Colosenses 2:9-10

Dios mira al mundo a través de los ojos del amor. Por tanto, si nosotras, como seres humanos creadas a la imagen de Dios también queremos ver la realidad racionalmente; esto es, como realmente es, entonces nosotras, también, debemos aprender a mirar con amor todo lo que vemos.

Roberta Bondi

Feliz y agradecida

No es cuánto tenemos, sino cuánto lo disfrutamos,
lo que hace la felicidad.

Charles H. Spurgeon

Por tanto, en él se alegrará nuestro corazón,
porque en su santo nombre hemos confiado.
sea tu misericordia, oh Jehová, sobre nosotros,
según esperamos en ti.

Salmo 33:21-22

En ocasiones, nuestros pensamientos se tornan hacia un rincón en el bosque, o hacia el final de una ribera, o hacia un huerto polvoreado con flores, que hemos visto sólo una vez... sin embargo, permanecen en nuestros corazones y dejan en nuestra alma y cuerpo un deseo ... que no puede ser olvidado, la sensación de que nuestros codos acaban de rozar con la felicidad.

Guy de Maupassant

Perseverad en la oración, velando en ella con acción de gracias.

Colosenses 4:2

Nuestra felicidad interior no depende de lo que experimentamos, sino del grado de nuestra gratitud hacia Dios, cualquiera sea la experiencia.

Albert Schweitzer

Bendeciré a Jehová en todo tiempo;
Su alabanza estará de continuo en mi boca.

Salmo 34:1

Tal vez podríamos dedicar un momento al final de cada día y decidir recordar ese día –sin importar lo que haya pasado– como un día por el cual estar agradecidas. Al hacerlo, aumentamos la capacidad de nuestro corazón para escoger la alegría.

Henri J. M. Nouwen

Dios escucha

Puedes hablar con Dios porque Dios escucha. Tu voz importa en el cielo. Él te toma muy en serio. Cuando entras en Su presencia, los asistentes se voltean para escuchar tu voz. No necesitas tener miedo a ser ignorada. Aun si tartamudeas o te atascas, aun si lo que tienes que decir no impresiona a nadie, sí impresiona a Dios... y Él escucha.

Max Lucado

Amo a Jehová, pues ha oído
mi voz y mis súplicas;
porque ha inclinado a mí su oído;
por tanto, le invocaré en todos mis días.

Salmo 116:1-2

Dios escucha con amor y compasión, de la misma manera que lo hacemos nosotros cuando nuestros hijos se nos acercan. Él se deleita en nuestra presencia. Cuando hacemos esto, descubriremos algo de un valor inestimable. Descubriremos que orando aprendemos a orar.

Richard J. Foster

Y esta es la confianza que tenemos en él, que si pedimos alguna cosa conforme a su voluntad, él nos oye. Y si sabemos que él nos oye en cualquiera cosa que pidamos, sabemos que tenemos las peticiones que le hayamos hecho.

1 Juan 5:14-15

Venimos esta mañana,
Como jarras vacías a una fuente rebosante,
Sin ningún mérito propio,
Oh Dios, abre una ventana en el cielo...
Y escucha esta mañana.

James Weldon Johnson

Nuevas cada mañana

¡Oh, Esperanza! ¡Qué sería la vida, despojada de tus alentadoras sonrisas, que nos enseñan a mirar detrás de las nubes oscuras de hoy, para encontrar los rayos dorados que embellecerán la mañana!

Susanna Moodie

Por la noche durará el lloro,
y a la mañana vendrá la alegría.

Salmo 30:5

¡Oh, espera, mi niña! ¡La alegría viene en la mañana!
El lloro sólo dura la noche...
¡La hora más oscura significa que
el amanecer está justo a la vista!

Gloria Gaither

Oh Jehová, ten misericordia de nosotros, a ti hemos esperado; tú, brazo de ellos en la mañana, sé también nuestra salvación en tiempo de la tribulación.

Isaías 33:2

Cuando la mañana embellece los cielos,
mi corazón despertándose grita:
¡Que Jesucristo sea alabado!

Joseph Barnby

Entonces nacerá tu luz como el alba, y tu salvación
se dejará ver pronto; e irá tu justicia delante de ti,
y la gloria de Jehová será tu retaguardia.

Isaías 58:8

Ese es el llamado de Dios para nosotros: simplemente
ser personas que se alegran de vivir cerca de Él, y que
renovemos el tipo de vida en la cual se siente y se
experimenta la intimidad.

Thomas Merton

Porque nunca decayeron sus misericordias. Nuevas son
cada mañana; grande es tu fidelidad.

Lamentaciones 3:22-23

Aprende a dirigir

Pero no será así entre vosotros, sino que el que quiera hacerse grande entre vosotros será vuestro servidor.

Marcos 10:43

Los líderes aprenden dirigiendo, y aprenden más dirigiendo mientras encaran obstáculos. Igual que el tiempo da forma a las montañas, los problemas dan forma a los líderes.

Warren G. Bennis

Tened por sumo gozo cuando os halléis en diversas pruebas, sabiendo que la prueba de vuestra fe produce paciencia. Mas tenga la paciencia su obra completa, para que seáis perfectos y cabales, sin que os falte cosa alguna.

Santiago 1:2-4

La primera responsabilidad de un líder es definir la realidad. La última es dar las gracias. Entremedio, el líder es un siervo.

Max De Pree

La mejor manera de dirigir es con un buen ejemplo.

Y el Señor encamine vuestros corazones al amor de Dios.

2 Tesalonicenses 3:5

Si los líderes tienen ambiciones altas y persiguen
sus metas con audacia y fuerza de voluntad, las alcanzarán
pese a todos los obstáculos.

Carl von Clausewitz

Oh hombre de Dios, sigue la justicia, la piedad, la fe,
el amor, la paciencia, la mansedumbre. Pelea la buena
batalla de la fe, echa mano de la vida eterna, a la cual
asimismo fuiste llamado, habiendo hecho la buena
profesión delante de muchos testigos.

1 Timoteo 6:11-12

Experimenta la esperanza

No estás aquí para ganarte un sustento meramente.
Estás aquí para hacer posible que el mundo viva
más ampliamente, con una visión más grande, con
un espíritu de esperanza y realización más refinado.
Estás aquí para enriquecer al mundo, y te empobreces
a ti misma si te olvidas del encargo.

Woodrow Wilson

Y el Dios de esperanza os llene de todo gozo
y paz en el creer, para que abundéis en esperanza
por el poder del Espíritu Santo.

Romanos 15:13

La esperanza es un estado mental, no es del mundo.
Esperanza —en este profundo y poderoso sentido— no es
lo mismo que alegría porque las cosas están saliendo bien,
o la disposición para invertir en proyectos que obviamente
van encaminados al éxito, sino que es una capacidad de
trabajar por algo porque es bueno.

Havel Vaclav

La «esperanza» es esta cosa con plumas,
que se posa en el alma,
y canta una canción sin palabras,
y jamás se detiene... en absoluto.

Emily Dickinson

No ceso de dar gracias por vosotros, haciendo memoria de vosotros en mis oraciones, para que el Dios de nuestro Señor Jesucristo, el Padre de gloria, os dé espíritu de sabiduría y de revelación en el conocimiento de él, alumbrando los ojos de vuestro entendimiento, para que sepáis cuál es la esperanza a que él os ha llamado, y cuáles las riquezas de la gloria de su herencia en los santos, y cuál la supereminente grandeza de su poder para con nosotros los que creemos, según la operación del poder de su fuerza,

Efesios 1:16-19

ESPERANZA es la capacidad para escuchar
la música del futuro...
FE es tener el valor para bailarla hoy.

Peter Kuzmic

Aventura de fe

La fe ve lo invisible, cree lo increíble
y recibe lo imposible.

En lo cual vosotros os alegráis, aunque ahora por un poco de tiempo, si es necesario, tengáis que ser afligidos en diversas pruebas, para que sometida a prueba vuestra fe, mucho más preciosa que el oro, el cual aunque perecedero se prueba con fuego, sea hallada en alabanza, gloria y honra cuando sea manifestado Jesucristo, a quien amáis sin haberle visto, en quien creyendo, aunque ahora no lo veáis, os alegráis con gozo inefable y glorioso; obteniendo el fin de vuestra fe, que es la salvación de vuestras almas.

1 Pedro 1:6-9

La fe significa que deseas a Dios, y no quieres desear nada más... En la fe hay un movimiento y un desarrollo. Cada día hay algo nuevo.

Brennan Manning

Siempre existirá lo desconocido. Siempre existirá lo improbable. Pero la fe confronta esas fronteras con un salto emocionante. Entonces, ¡la vida se convierte en una vivaz aventura!

Robert Schuller

Porque todas las cosas son posibles para Dios.

Marcos 10:27

Dios quiere que abordemos la vida llenos de la expectativa de que Dios va a estar trabajando en toda situación a medida que crecemos en nuestra fe en Él.

Colin Urquhart

La fe no es una sensación, no es vista, no es razón, sino tomarle la Palabra a Dios.

Faith Evans

Una vida que vale la pena

Te deseo humor y un brillo en los ojos. Te deseo gloria
y la fuerza para soportar sus cargas. Te deseo sol
en el camino y tormentas para aclimatar tu jornada.
Te deseo paz... en el mundo en que vives y en la esquina
más pequeña del corazón donde guardas la verdad.
Te deseo fe, para ayudarte a definir tu forma de vivir
y tu vida. Más no puedo desearte —excepto amor, tal vez—
que hacer que el resto valga la pena.

Robert A. Ward

Como todas las cosas que pertenecen a la vida
y a la piedad nos han sido dadas por su divino
poder, mediante el conocimiento de aquel que
nos llamó por su gloria y excelencia.

2 Pedro 1:3

La verdadera alegría no viene de la comodidad
o las riquezas, o del elogio de la gente, sino
de hacer algo que valga la pena.

Wilfred Grenwell

*Aun estimo todas las cosas como
pérdida por la excelencia del conocimiento
de Cristo Jesús, mi Señor.*

Filipenses 3:8

Lo que hace que la vida valga la pena es tener
un objetivo lo suficientemente grande, algo que
capture nuestra imaginación y retenga nuestra
devoción: ¿Qué meta puede ser más alta, más
exaltada y más irresistible que conocer a Dios?

J. I. Packer

Un futuro maravilloso

Los que edifican el futuro son aquellos que
saben que lo mejor todavía viene en camino,
y que ellos mismos van a ayudar a que ocurra.

Melvin J. Evans

Considera al íntegro, y mira al justo;
porque hay un final dichoso para el hombre de paz.

Salmo 37:37

Aprende del pasado, trabaja por el presente
y planifica para el futuro.

Janette Oke

Encamíname en tu verdad, y enséñame,
en ti he esperado todo el día.
Acuérdate, oh Jehová, de tus piedades
y de tus misericordias,
que son perpetuas.

Salmo 25:5-6

Nunca puedes cambiar el pasado. Pero, por la gracia de Dios, puedes ganar el futuro. Así que recuerda aquellas cosas que te ayudan a seguir adelante, pero olvida las que sólo pueden limitarte.

Richard C. Woodsome

Sea la luz de Jehová nuestro Dios sobre nosotros, y la obra de nuestras manos confirma sobre nosotros.

Salmo 90:17

Cada día puede ser el comienzo de un futuro maravilloso.

Porque yo sé los pensamientos que tengo acerca de vosotros, dice Jehová, pensamientos de paz, y no de mal, para daros el fin que esperáis.

Jeremías 29:11

Amistad con Dios

La amistad con Dios es una carretera de dos vías... Jesús dijo que Él les dice a Sus amigos todo lo que Su Padre le ha dicho a Él; los amigos íntimos se comunican completamente y hacen una transferencia de corazón y pensamiento. ¡Qué maravillosa es nuestra oportunidad de ser amigos de Dios, el todopoderoso Creador de todo!

Beverly LaHaye

Así que, somos embajadores en nombre de Cristo, como si Dios rogase por medio de nosotros; os rogamos en nombre de Cristo: Reconciliaos con Dios.

1 Corintios 5:20

La amistad de Dios es la alegría inesperada que encontramos cuando alcanzamos Su mano extendida.

Janet L. Smith

Mas buscad el reino de Dios, y todas estas cosas os serán añadidas. No temáis, manada pequeña, porque a vuestro Padre le ha placido daros el reino.

Lucas 12:31-32

Pero os he llamado amigos, porque todas las cosas que oí de mi Padre, os las he dado a conocer.

Juan 15:15

Podemos mirar a Dios como nuestro Padre. Podemos tener un sentido personal de Su amor por nosotros y Su interés en nosotros porque Él está preocupado por nosotros como un padre se preocupa por sus hijos... Tan increíble como parece, Dios quiere nuestra compañía. Él quiere tenernos cerca de Él. Él quiere ser un padre para nosotros, para protegernos, para defendernos, para aconsejarnos, para guiarnos en nuestro camino por la vida.

Billy Graham

Buenos dones

La gratitud consiste en una vigilante y minuciosa atención a los pormenores de nuestro estado, y a la multitud de regalos de Dios, tomados uno a uno. Esto nos llena de una conciencia de que Dios nos ama y se preocupa por nosotros, aun en el más insignificante suceso y en la necesidad más pequeña de la vida.

Henry Edward Manning

De tal manera que nada os falta en ningún don, esperando la manifestación de nuestro Señor Jesucristo; el cual también os confirmará hasta el fin, para que seáis irreprensibles en el día de nuestro Señor Jesucristo.

1 Corintios 1:7-8

Ser agradecido es reconocer el Amor de Dios en todo lo que Él nos ha dado, y Él nos ha dado todo. Cada respiración es un regalo de Su amor, cada momento que existimos es un regalo de gracia.

Thomas Merton

Porque ¿quién te distingue? ¿o qué tienes que no hayas recibido? Y si lo recibiste, ¿por qué te glorías como si no lo hubieras recibido?

1 Corintios 4:7

Igual que Dios ama al dador alegre, así también ama a la persona que recibe alegremente, a la que toma posesión de Sus dones con un corazón feliz.

John Donne

Alaben la misericordia de Jehová,
porque sacia al alma menesterosa,
y llena de bien al alma hambrienta.

Salmo 107:8-9

Fuente de maravilla

Querido Señor, concédeme la gracia de maravillarme.
Sorpréndeme, impresióname, asómbrame en cada resquicio
de tu universo... Sobrecógeme cada día con tus
maravillas sin fin. No pido ver la razón para todo; sólo
pido compartir la maravilla de todo.

Abraham Heschel

Que nuestras vidas sean iluminadas por un resplandor
constante, renovado cada día, de una maravilla;
la fuente que va más allá de toda razón.

Dag Hammarskjöld

Sostendré que el agradecimiento
es la forma más alta del pensamiento, y que
la gratitud es la felicidad duplicada por maravilla.

G. K. Chesterton

Te alabaré, oh Jehová, con todo mi corazón; contaré todas tus maravillas.

Salmo 9:1–2

Mientras maduramos en nuestra capacidad de ver y disfrutar las alegrías que Dios pone en nuestras vidas, la vida se convierte en una experiencia gloriosa de descubrimiento de Sus infinitas maravillas.

Muestra tus maravillosas misericordias, tú que
salvas a los que se refugian a tu diestra,
de los que se levantan contra ellos.
Guárdame como a la niña de tus ojos;
escóndeme bajo la sombra de tus alas,

Salmo 17:7–8

Sé única

Lo que hacemos es menos que una gota en el océano. Pero si esa gota faltara, al océano le faltaría algo.

Madre Teresa

De manera que, teniendo diferentes dones, según la gracia que nos es dada, si el de profecía, úsese conforme a la medida de la fe.

Romanos 12:6

Cuando vivimos una vida centrada en lo que a otros les gusta, sienten o dicen, perdemos contacto con nuestra identidad. Soy un ser eterno, creado por Dios. Soy un individuo con propósito. No es lo que obtengo de la vida, sino quién soy, lo que marca la diferencia.

Neva Coyle

Ahora bien, hay diversidad de dones, pero el Espíritu es el mismo.

1 Corintios 12:4

Haz lo que mejor conoces:
si eres una corredora, corre;
si eres una campana, suena.

Ignas Bernstein

Porque somos hechura suya, creados en
Cristo Jesús para buenas obras, las cuales Dios
preparó de antemano para que anduviésemos en ellas.

Efesios 2:10

Recuerda que eres necesaria. Hay por lo menos
un trabajo importante que debe hacerse que
no se hará a menos que tú lo hagas.

Charles Allen

Ahora pues, Jehová, tú eres nuestro padre;
nosotros barro, y tú el que nos formaste;
así que obra de tus manos somos todos nosotros.

Isaías 64:8

Una de las especialidades de Jesús
es hacer alguienes de los nadies.

Henrietta Mears

Te llevaré en Mis brazos

Ciertamente sabemos que nuestro Dios nos llama a una vida santa. Sabemos que Él nos da toda gracia, cada abundante gracia; y aunque somos tan débiles en nosotras mismas, esta gracia es capaz de sostenernos a través de cada obstáculo y dificultad.

Elizabeth Ann Seton

Oídme, los que sois traídos por mí desde el vientre, los que sois llevados desde la matriz. Y hasta la vejez yo mismo, y hasta las canas os soportaré yo; yo hice, yo llevaré, yo soportaré y guardaré.

Isaías 46:3-4

Viajan ligeramente aquellos a quienes
lleva la gracia de Dios.

Thomas à Kempis

Como pastor apacentará su rebaño; en su brazo
llevará los corderos, y en su seno los llevará; pastoreará
suavemente a las recién paridas.

Isaías 40:11

Y noté sólo un par de pisadas en la arena.
Y pregunté entonces al Señor:
<<Cuando decidí seguirte, tú me
dijiste que andarías conmigo siempre>>...
Entonces, el Señor, me contestó:
<<Cuando viste en la arena sólo un par de pisadas
fue justamente allí donde te cargué en mis brazos>>.

Ella H. Scharring-Hausen

Una invitación

Si alguna vez has:
preguntado si esto es todo de lo que se trata la vida...
pensado qué ocurre cuando mueres...
sentido un anhelo de propósito y significado...
luchado con una ira recurrente...
tenido problemas para perdonar a alguien...
entendido que hay un <<poder mayor>> pero no has podido definirlo...
sentido que tienes un papel que desempeñar en el mundo...
experimentado éxito pero luego todavía te sientes vacío(a)...
entonces, considera a Jesús.

Un excelente maestro de hace dos milenios atrás, Jesús de Nazaret, el Hijo de Dios, escogió voluntariamente mostrar el amor eterno de nuestro Hacedor al ofrecer llevar todas nuestras faltas, oscuridad, muerte y errores en Su propio cuerpo (1 Pedro 2:24). El resultado fue Su muerte en una cruz. Pero la historia no termina ahí. Dios lo levantó de la muerte y nos invita a creer esta verdad en nuestros corazones y a seguir a Jesús a la vida eterna.

Si confesares con tu boca que Jesús es el Señor, y creyeres en tu corazón que Dios le levantó de los muertos, serás salvo. —ROMANOS 10:9